Peter Jürgen Stäb
Staunende Gesichter

Peter Jürgen Stäb

Staunende Gesichter

Rediroma-Verlag

Bibliografische Information der Deutschen Nationalbibliothek:
Die Deutsche Nationalbibliothek verzeichnet diese Publikation in der Deutschen Nationalbibliografie; detaillierte bibliografische Daten sind im Internet über http://dnb.ddb.de abrufbar.

ISBN 978-3-96103-250-1

Umschlagillustration: nanihta / photocase.de

www.rediroma-verlag.de
7,95 Euro (D)

Inhaltsverzeichnis

Staunende Gesichter 9
Chaoten und Politiker 10
Der Wal 11
Goldfisch 12
Arbeit muss sich lohnen 13
Die Weber von Paris 14
Inge 15
Wetter 16
Das Haus 17
Feigling 18
Uhr 19
Wo bist Du? 20
Das Leben 21
Jahreszeiten des Lebens 22
Bahnreisen 23
Proben 24
Zwecklos 25
Sachen 26
Wär ich 27
Zum Nachdenken 28
Liebe 29
Fragen 30
Hotel 31
Die Wahrheit um die Schlacht im Teutoburger Wald 32

Sinn oder Unsinn 33
Müdigkeit 34
Lebenshaus 35
Kreislauf 36
Heiratsanzeige 37
Soldaten – Gestern und heute 38
Richtfest 39
Gedanken eines Herrschenden 40
Tarzanschrei 42
Alkohol 43
Cäsar 44
Vulkan 45
Telefon 46
Erste Liebe 47
Zum Nachdenken 48
Außerirdisch 49
Schoßhündchen 50
Liebe 51
Bär 52
Regen 53
Wünsche 54
Zeit 55
Nur ne Stunde 56
Freies Land 57
Rehlein 58
Weisheit 59

Warum Maikäfer im Mai fliegen ... 60
Wie Brieftauben zu Friedenstauben wurden ... 61
Systeme ... 63
Freude ... 64
Geburt eines Sohnes ... 65
Geburt einer Tochter ... 66
Anhang ... 66
Die Zeit ist gekommen ... 67
Saupreiß ... 68
Karriere ... 69
Mit Herz ... 70

Widmung

„Man nennt es Familie, die Menschen, die zu einem stehen. Die die guten Lebensabschnitte teilen und Schicksalsschläge mittragen. Das ist auch innerhalb Familien nicht selbstverständlich. Umso dankbarer bin ich meiner Familie.

Ich widme dieses Buch meiner Frau Bettina und meinen Söhnen Yanneck und Tom. Ohne deren Unterstützung wäre nicht nur dieses Buch unmöglich.

Staunende Gesichter

Thema Lyrik ist recht schwierig
Wer genießt Gedichte lesen
Verse, Reime, Leser gierig
Aufgabe nicht leicht gewesen

Mühe gibt er sich, der Dichter
Reimet, dichtet hin und her
Lohn sind staunende Gesichter
Lyrik ist gar nicht so schwer

Chaoten und Politiker

Überall auf der Welt randalieren Chaoten
Krawallen, zündeln, zerstören – die Idioten
Die Taten posten und damit prahlen
Mach, was ich will, muss nix dafür zahlen

Politiker, die reden viel und wissen alles
Doch im Falle diesen Falles
Wollen sie sich nicht bemühen
Nur eigenen Kopf aus Schlinge ziehen

Statt Chaoten aus dem Verkehr zu zerren
Und direkt spontan mal einzusperren
Arbeiten zu lassen unter Schweiß und Qualen
Bis sie ihren Schaden können bezahlen

Schiebt sich Politprominenz die Schuld gegenseitig zu
Suchen Bauernopfer, haben dann ihre Ruh
Politiker sollten Vorbilder sein
Dass das nicht so ist, wem leuchtet das ein?

Sprechende Hüllen, die viel reden und nichts sagen
Wähler sind notwendige Plagen
Mit Verantwortung gehen Sie um – ganz lose
Haben kein Hinterteil in der Hose

Anmerkung:
Anlass dieses Gedichts war das 12. Treffen der wichtigsten Industrie- und Schwellenländer also der G 20-Gipfel am 07.-08.07.2017 in Hamburg. Friedliche Proteste wurden überschattet von brutalster Gewalt. Einsatzkräfte schienen total überfordert. Die Hilflosigkeit unserer Politik wurde weltweit offenbart.

Tierisches

Der Wal

Der Wal, das ist ein Säugetier
Lebt meist unter Wasser, er atmet wie wir
Millionen von Jahren hatte er ein gutes Leben
Dann hat der Mensch den Globus betreten

Gefahrlos auftauchen, atmend Fontänen ausstoßen
Mensch wird ihn jagen wegen Fett, Fleisch und Soßen
Wale sterben, es gibt großen Schwund
Einige verstecken sich auf dem Meeresgrund

Die guten Zeiten haben sie nicht vergessen
Was hatten sie früher leckeres Essen
Meeresgetiere, Tang, Pinocchio und Nemo
Heut finden sie Plastikmüll, Schweröl und Chemo

Sie schwimmen gegen die vermüllte Wand
Verzweifelte Wale verenden am Strand
Die letzten verrecken auf'm Grund im Meere
Wir Menschen sind Ursache dieser Misere

Goldfisch

Der Goldfisch lebt in einem Glas
Dreht Rund um Rund, hat wenig Spaß
Sieht wertvoll aus, edel und zart
Goldene Schuppen zeichnen achtzehn Karat

Wenn Herrchen heimwärts sich bewegt
Wird Goldie stets freudig erregt
Schwimmt Pirouetten, spritzt bis zur Decke oben
Zu wild ..., Glas mit Fisch zerbarst am Boden

Scherben, Nässe, Kiemen zittern in Not
Herrchen schockiert, fühlt sich bedroht
Hebt Goldie hoch, watscht ihn schmerzend ab
Weil Fisch nach seinem Herrchen schnappt

Dem Goldfisch wurde Angst und Bange
Er lebte dann auch nicht mehr lange
Herrchen kauft neues Glas, neuen Fisch
Stellt alles auf den alten Tisch

Arbeit muss sich lohnen

Arbeit ist das halbe Leben
Diesen Spruch kennt Groß und Klein
Einkommen, Familienleben
Nachwuchs, Erziehung, das ist fein

Politik stützt Industrie
Die nicht nach Leistung zahlen mag
Kündigt Fachkräfte, und nicht nur die
Für Dumpinglohn und Zeitvertrag

Arbeit ist jetzt das ganze Leben
Geld vorn und hinten nicht mehr reicht
Brauchst drei, vier Jobs, musst alles geben
Hartz IV aufstocken fällt nicht leicht

Gehst zur Tafel, musst viel borgen
Sie lassen dich im Regen stehen
Sollst gegen Altersarmut vorsorgen
Mit welchem Geld soll das denn gehen

Politiker im Wahlgerangel
Mit tausenden freien Stellen prahlen
Propagieren Fachkräftemangel
Für Fremdarbeiter keinen Tariflohn zahlen

Warum vergisst man, die hier wohnen
Die schuften, malochen, nicht schmarotzen
Arbeit muss sich lohnen
Industrie, Politik ist das egal. Zum Kotzen

Die Weber von Paris

Warum immer nur weben?
Will mal was erleben
Mit Schnellzug gen Paris schweben
Chef muss Urlaub geben

Im Abteil hat es gefallen
Lass die Korken knallen
Trink Champagner, fang an zu lallen
Werd überfallen

Ohne Geld und Ausweispapier
Aufgegriffen und aufs Polizeirevier
Das sitzt man nun, zusammen vier
Mit Ratten, Kakerlaken und anderem Getier

Sachbearbeiter das Wochenende freigegeben
Drei Tage in der Zelle leben
Was würd man für's heimische Bette geben
Und auch gerne wieder weben

Inge

Dreizehn Kinder brachte sie zur Welt
Mann ein Säufer, besaß kein Geld
Nie hat es eine Freud gegeben
Nur einmal – und das nahm ihr das Leben

Und diese Freude war für Inge
Sie fuhr lieber Rad, als dass sie ginge
Rasant bergab, ungern bergauf
So nahm das Schicksal seinen Lauf

An der Kirche die Straße hinunter
Radelte Inge wie ein Pfeil so munter
An Sträuchern und bunten Häusern entlang
Wobei sie furchterregend sang

Schnell und schneller, sie steht in den Rasten
In der Kurve ein gelber Kasten
Für Postkarten und Brief
Frontal trifft Inge und fällt tief

Die Bremsen versagen in der Not
Noch vor dem Aufprall ist sie tot
So liegt sie da, als wenn sie schlief
Seitdem hängt der Briefkasten schief

Wetter

Ob Sonne, ob Regen
Hagel oder Schnee
Wetter wird sich bewegen
Kann's nicht vorhersagen. Ne

Ob Nebel, ob Vollmond
Wird's trüb oder klar
Ob Wind oder Sturm kommt
Es wird wunderbar

Eins kann ich verbindlich sagen
Bin kein Meteorloge, sag ich jetzt schnell
Auf diese Prognose kann man Wetten wagen:
Heut Abend wird's dunkel, morgen früh wieder hell

Das Haus

Da steht es nun, das neue Haus
Schön verputzt, sieht niedlich aus
Stolz sein und mal mächtig prahlen
Werden viele Jahre zahlen

Feigling

Wer gibt mir Hoffnung
Wer gibt mir ein Ziel
Wo finde ich Freunde
Verlange ich zu viel?

Brauch keine Sicherheit
Für ein Leben im Glück
Schenk her meine Gnade
Stück für Stück

Woher kommt Liebe?
Wer spendet Kraft?
Schließt die Lücke
Die auseinander klafft?

Wer nimmt die Angst?
Kann Zuversicht geben?
Bleib stets ein Feigling
Hänge am Leben

Uhr

Tägliche Frage nach Uhrzeit: Wie spät?
Eindeutige Antwort einfach nicht geht
Ich seh auf die Uhr und kann es nicht fassen
Man kann sich nicht auf sie verlassen
Weil sie ständig weiter geht

Wo bist Du?

Wo ist der Fortschritt
Der nicht Rückschritt bedeutet?
Wo ist der Mensch, der denkt?

Wo ist das Heil
Das kein Unheil einläutet?
Wo ist das Gute, das nicht Böses verschenkt?

Wo ist das Gesunde
Das nicht Krankheit verbreitet?
Wo ist die Freiheit, die nichts versperrt?

Wo ist der Führer
Der nicht verleitet?
Wo ist der Stumme, der keine Lügen raus plärrt?

Wo ist die Hoffnung
Die Resignation nicht versteckt?
Wo ist der Glaube, der den Teufel nicht weckt?

Wo ist der Aufschwung
Der den Abschwung nicht nährt?
Wo ist der Frieden, der Krieg nicht ausfährt?

Wo ist Liebe
Damit der Nächste nicht verreckt?
Wo ist die Treue, die Verrat wird nicht versteckt?

Wo ist das Brot
Durch das niemand verhungert?
Und wo bist Du?
Wo hast du rumgelungert?

Das Leben

Morgen geboren
Heute gelebt
Gestern gestorben
Testament per Hand geschrieben
Außer dem Tod nichts übrig geblieben

Jahreszeiten des Lebens

Kaum ist man geboren
Erfüllt mit Leben
Erlebt man den Frühling
Fängt an zu streben

Genießt den Sommer
Zu faul. was zu tun
Hektisiert dann im Herbst
Ohne auszuruh'n

Zittert durch den Winter
Blickt auf seine Kinder
Schon ist man alt, ein Greis
Hat man noch Haare, sind diese weiß

Man selbst ist es auch
Zeit verflog wie silberner Rauch
Das Leben verlief ohne Sinn
Jetzt ist's dahin

Bahnreisen

Fährt man in Urlaub mit dem Zug
Vergeht die Zeit wie im Flug
Abteile für Raucher, Speisewagen
WLAN, WC und Schlafanlagen

Zugbegleiter arbeiten täglich Fahrten
Kontrolliert und löchert Zugfahrkarten
Alle fahren: Böse, Nette
Schwarzfahrer auf der Toilette

Opas, Omas, Eltern, Kinder
Post, Gepäck und Fracht nicht minder
Alle fahren Eisenbahn
Nur ich kann leider nicht mitfahr'n

Ob Dampflok, Rheingold, ICE
Ich fahr immer PKW
Mit dem Auto in Urlaub, egal, wie weit
Zum Geld verdienen zur geliebten Arbeit

Wie gerne hört ich den Sound der Gleise
Hab keine Chance auf eine Bahnreise
Beim Shoppen park ich unweit vom Lädchen
Ist leider kein Bahnhof in unserem Städtchen

Anmerkung:

In meiner früheren Heimat Meisenheim am Glan wurde die Bahnstrecke in eine Draisinenattraktion umgewandelt. Die Bahnstrecke meiner jetzigen Heimat VG Kastellaun stellt jetzt den Schinderhannesradweg dar. Beides ist sehr gelungen und empfehlenswert.

Proben

Wenige Leben in Saus und Braus
Viele verhungern täglich
Die meisten halten sich da ganz raus
Auch meine Hilfen sind sehr kläglich

Wo ist hier Gerechtigkeit?
Sind das Gottes Proben?
Es wird abgerechnet in nächster Zeit
Dann hilft keine Ausrede hoch oben

Zwecklos

Gerne geh ich motiviert zu Werke
Vierundzwanzig Stunden am Tag
Ohne Rast und ohne Pause
Dass es keiner glauben mag

Arme, stark wie Berge
Versuchs jeden Tag, jedoch ohne Zweck
Denn meine missratenen Beine
Laufen hektisch vor der Arbeit weg

Anmerkung:

Seit Pfingstmontag 2017 laufen meine Beine nicht mehr. Bin seitdem auf einen Rollstuhl angewiesen. Wegrollen geht aber manchmal noch schneller!

Sachen

Sachen gibt's in unserm Leben
Wär besser, die würd es gar nicht geben
Oftmals sind das solche Sachen
Mitleidig kann man drüber lachen

Nur wenn man selbst betroffen ist
Sind Sachen allergrößter Mist
Egal, was andere dann meinen
Da hilft kein lachen, sondern weinen

Wär ich

Wär ich ein Maler wie Dürer
Oder wie Cäsar – ein Führer
Wär ich ein Dichter wie Schiller
Oder wie Heinrich, der achte – ein Killer

Wär ich ein Sänger wie Mario Lanza
Oder ein Knecht wie Sancho Panza
Wär ich Attila, der Hunnenkönig
Was hätte ich davon? Wenig!

Ich könnt euch nichts mehr geben
Wär längst nicht mehr am Leben

Zum Nachdenken

Es ist schwerer,
Etwas Vernünftiges zu sagen,
Als ein solches zu tun

Liebe

Liebe finden, ist sehr schwer
Niemand gibt sie gerne her
Wir lieben uns selbst zu sehr

Fragen

In welchem Fluss ist das Wasser klar?
Welcher Baum trägt gesunde Blätter?
Wo ist Luft zum Atmen da?
Wo bleibst du, unser Retter?

Hotel

Ferien teste ich mal gerne
Das Urlaubshotel hat vier Sterne
Ein Zimmer mit Dusche, Klima und Klo
Auf Terrasse mit Meerblick freu ich mich so

Früh am Abend geht's zur Ruhe
Stell vor die Türe meine Schuhe
Muss mich nicht ums Frühstück sorgen
Mir irgendwo das Toastbrot borgen

Kaffee, Brötchen, Marmelade
Kein Obst, kein Ei – wie schade
Wurst und Käse kauen sich feste
Gut, dass ich das Hotel nur teste

Noch ein Kaffee, die letzte Tasse
Mir die Rechnung bringen lasse
In meinen Augen sammeln sich Tränen
Dem Kellner entlockt es gelangweiltes Gähnen

Ich addiere zusammen – oh Schreck, oh Graus
Es fordert das Limit der Visacard raus
Ich beschließe schnell, nie wieder Hotel
Billiger ist es zu Haus

Die Wahrheit um die Schlacht im Teutoburger Wald

Weißt du, was im Jahre neun nach Christ
Im Teutoburger Wald geschehen ist?
Herrmann, der Cherusker, ist mutig zum Kampf gezogen
Alles erstunken und erlogen

Die Römer aus Rom, heißes Sonnenklima gewohnt
Beim Marsch über die Alpen wurde nicht geschont
So kamen sie ins deutsche Land
Wo man weder Sonne noch Klima fand

Auf passende Kleidung hatte man verzichtet
Für Eiseskälte war man nicht gerichtet
Zum Kampf gegen Legionen war niemand geboren
Wahrheit ist, sie sind erfroren

Sinn oder Unsinn

Mit Versen und Reimen in allen Ländern
Lässt sich wenig bis gar nichts ändern
Vor Augen führen, was passiert im Leben
Denkanstöße, Träume geben
Für jeden etwas, falsch oder richtig
Dann ist Sinn oder Unsinn nicht mehr wichtig

Müdigkeit

Abends bin ich lange wach
Mach im Hause Lärm und Krach
Morgens kann ich stets beschreiben
Könnt ich oft noch liegen bleiben

Lebenshaus

Fleißig trägt sein Leben lang
Das Ersparte auf die Bank
Bausparvertrag wuchs stock und steif
Bis endlich zuteilungsreif

Jetzt geht es los mit planen und messen
Freie Zeit kann man vergessen
Schleppen, Mauern, schuften, bauen
Immer nach dem Rechten schauen

Jahre vergehen bis alles perfekt
Dann ist der letzte Ziegel gedeckt
Beim Richtfest viel Freude, anschließend Scherben
Das Lebenshaus ist rechtzeitig fertig zum Sterben

Kreislauf

Auf die Schnelle
Eine leckere Forelle ...
Nicht mit ner Libelle fangen, denkt der Angler

Dafür nimmt der Beste
Lebensmittelreste
Solche kommen manches mal angeschwommen im Kanal

Erfolgreich kehrt der Angler heim
Frau ruft: Petri heil! Wie fein!
Ist nicht faul, brät den Fisch gerecht fürs Maul

Schnelle ist der Fisch gekaut
Schnelle ist der Fisch verdaut
Und dann sitzt der Angler. Wo? Auf dem Klo

Was produziert der Beste?
Lebensmittelreste! Feste, feste
Erleichtert nun nach diesem Mahl
Drückt er die Spülung eins, zwei mal

Das Wasser fließt von Berg zu Tal
In den Kanal. Und auf einmal ...
Beißt ein Fisch ganz feste in die angespülten Reste

Dann schwimmt er weiter, dieser Gute
Der Angler wartet mit der Rute
Will auf die Schnelle eine leckere Forelle
Doch nicht mit ner Libelle ...

Welchen Köter hat der Beste?

Heiratsanzeige

Vielleicht war keine Zeit
Beziehung abschreckende Mechanik
War noch nicht so weit
Jetzt kommt Torschlusspanik

Allerletzte Chance
Ist die Heiratsannonce
Das Echo ist groß und stetig
Dennoch bin ich bis heute ledig

Nun ja, einige waren hässlich
Andere dumm und vergesslich
Es gab weibliche Heiratsschwindler
Viele hatten mehrere Kinder

So hatte jede eine dunkle Seite
Nur eine erstrahlte in hellem Licht
Die hätte ich geheiratet noch heute
Doch sie wollte mich dann nicht

Soldaten – Gestern und heute

Es gab Zeiten, da konnten Soldaten reiten
Mann gegen Mann streiten
Leben behaupten, das war schwer
Dieser Kampf war hart und fair

Lanzen, Schwerter und Musketen
Ersetzen Panzer, Bomben, Raketen
U-Boote, Flugzeugträger und Chemie
Vertreiben Mut, Geschicklichkeit, Strategie

Ein Soldat, Mann gegen Mann
Würde heute nichts erreichen
Soldaten braucht man immer dann
Zum Abtransport der Leichen

Richtfest

Nach der Hochzeit geht es los
Das Haus steht schnell, ist grandios
Richtfest ist schon heute
Nachts im Haus feiern verliebte Eheleute

Drei Tage hintereinander lieben sie sich heut
Wie sehr man sich auf Nachwuchs freut
So entsteht im neuen Haus
Ein Prachtjunge mit Namen Klaus

Gedanken eines Herrschenden

Milliarden Menschen leben auf Erden
Unzählige davon nicht satt werden
Millionen sind arbeitslos
Was mach ich bloß?

Junge keine Zukunft sehn
Renten rasch zur Neige gehn
Gefangen in der Drogen Schoß
Was mach ich bloß?

Arbeit wird maschinell
Rationiert und unglaublich schnell
Mädchen werden als Nutten groß
Was mach ich bloß?

Völker ohne Hoffnung leben
Chemie wird uns den Rest geben
Wann wächst im Wald mal wieder Moos?
Was mach ich bloß?

Streit mit aller Herren Ländern
Niemand will es positiv verändern
Ich mach vor Angst mir in die Hos!
Was mach ich bloß?

KRIEG!
Ja, Krieg tötet alles Schwache
Krieg scheint mir eine gute Sache
Ich werd ja selbst auch nicht verletzt
Ja, Krieg, das mach ich jetzt

Krieg holt die Herren von oben runter
Schafft ein neues Wirtschaftswunder
Bringt den Frieden hinterher
Als ob nichts geschehen wär

Wenn es nuklear explodiert
Weil ich mich verkalkuliert
Wird meine Schuld nicht riesengroß
Was mach ich bloß?

Tarzanschrei

Tarzan war nicht dumm
Leider sprach er nichts, war stumm
Unwahr ist, dass er sang
Wenn er durch den Dschungel schwang

Er lebte mit der Affenschar
Wusst als Mann nicht, was Sache war
So hing er an Schlingpflanzen
Will lustig durch den Dschungel tanzen

Tarzan flog zur höchsten Baumkrone
Da sah er ein Weib ohne Lendenschurz, ganz ohne
Es erwachten seine Triebe
Tarzan wollte nur noch Liebe

Ihr hinterher, war sein Gedanke
Dabei übersah er die Dschungelbahnschranke
Mit Lärm und Getöse raste die Bahn vorbei
Ein Sturz, ein Schreck, ein tierischer Schrei

So war Frau ohne Lendenschurz
Grund für Tarzans Schrei
Und Schuld am folgenschweren Sturz
Familienplanung ist vorbei

Alkohol

Abends feiert es sich munter
Ein Bier fließt nach dem andern runter
Es geht drüber und auch drunter

Morgens unbeweglich, kaputt, besoff...
Hilf- und kraftlos, wo ist der Tropf?
Wer stützt den dicken, schweren Kopf?

Der ganze Körper zittert hohl
Wann geht es wieder gut und wohl?
Der Schwur: Nie wieder Alkohol

Doch abends feiert es sich wieder munter
Ein Bier fließt nach dem andern runter
S'geht wieder drüber und auch drunter

Cäsar

Cäsar kam, sah und siegte
So steht es im Geschichtsbuch drin
Wer das schrieb, der lügte
Wahr ist, dass Cäsar kam, sah und ging

Vulkan

Vulkan spuckt Lavamassen, Feuer
Wärm die Gegend, das ist nicht teuer
Anwohner haben die Weisung
Öffnet Fenster und spart Heizung

So sparten die Leute, Summe um Summe
Der Vulkan, der war der Dumme
Wollte nicht nur ständig schnaufen
Und sich auch mal etwas kaufen

Luxus, Wohlstand, schöner Leben
Man will dem Vulkan nichts geben
Der zog traurig sich zurück
Alle hatten schlechtes Glück

Und heuer? Vulkan spuckt weder Lava noch Feuer
Jetzt wird erst die Heizung teuer
Kein Luxus, Wohlstand ..., lern fürs Leben
Billiger ist oft das Geben

Telefon

Am Telefon wird mancher wagen
Oftmals Dinge anzusagen
Da er Gegenüber nicht kann sehn

Doch würd er gegenüber stehn
Würd die Stimme ihm verzagen
Du würdest ihn zum Teufel jagen
Er kann aber auch langsam gehn

Erste Liebe

Mit vierzehn, weiß nicht mehr so Recht
Interessierte mich plötzlich das andere Geschlecht
Käthchen
hieß das Mädchen

Blaue Augen, hatte Rasse
War die Schönste in der Klasse
Fragte mich nun, wie das so ist
Wenn sie mich heiß und innig küsst

Nun, liebe Leute
Das frag ich mich noch heute
Kurt war schneller und schlauer
Seitdem bin ich auf ihn sauer

Doch fühl ich etwas Schadenfreude
Kurt küsst Käthchen auch heute
Hat nie ne andre Frau geküsst
Doch ich, ich weiß jetzt, wie das ist

Zum Nachdenken

In der Vergangenheit würde vieles falsch gemacht, was aber immer noch richtiger war als das Falsche, was heut zu Tage richtig gemacht wird.

Außerirdisch

Leben Wesen hoch oben im All
Ich denke ja, auf jeden Fall
Es gibt ne Beschwerde
Sie möchten nicht zu uns auf die Erde

Hier ist es schön, ihr könnt es erleben
Wir können Hunger, Krieg und Neid abgeben
Katastrophen, Gier und Hass
Ab und zu ein Pils vom Fass

Nur Liebe, wie ich meine
Haben wir keine
Bis heut sind die Wesen fern geblieben
Außerirdische wollen ihren Frieden

Schoßhündchen

Schoßhündchen sitzt bei ihr auf dem Schoße
Frisst gern Fleisch aus Aludose
Sonntags auch mal Braten mit Soße

Hündchen ist klug, wedelt mit Schwänzchen
Macht für Frauchen öfters mal Männchen
Bringt ihr ab und zu ne Rose
Und pinkelt Herrchen auf die Hose

Liebe

Er sieht sie das erste Mal, ist schüchtern
Später wird er leise flüstern
Nach der Hochzeit wird er nüchtern

Sie sieht ihn das erste Mal, ist begeistert
Wie er wohl die Nacht mit ihr
Allein im Dunkeln meistert

Sie gefallen einander
Das kann man sehn
Sie wagen es miteinander
Durch's Leben zu gehn

Das Paar zeigt Mut
Sie unhässlich, nicht vergesslich
Er treu und verlässlich
Ehe geht gut

Nach Tagen und Jahren
Ehe zerfahren
Sie wirft mit Tassen
Läuft rum mit zottligen Haaren, den nassen

Er treibt sich durch Gassen
Hat sie verlassen
Beide sehen es ein
Diese Ehe sollte nicht sein

Bär

Bär Karl fühlt sich zu dick und schwer
Aus Frust frisst er fast gar nichts mehr
Geht gut, nimmt ab, freut sich Frau Klärchen
Lieb nennt sie ihn nur noch: mein Bärchen

Regen

Fröhliche Menschen, sportlich, voller Wonne
Aktiv, beweglich, scheint die Sonne
Betrübte Laune, zu faul, sich zu bewegen
Inaktiv, depressiv, fällt mal Regen

Wünsche

Es kam mal eine Fee vorbei
Sie stellte mir drei Wünsche frei
Erstens wünschte ich der Fee guten Morgen
Zweitens möchte ich frei sein von Kummer und Sorgen
Drittens, wie soll es anders sein
Wünsch ich mir neue Wünsche, derer drei'n

Zeit

Ich kam als Junge auf die Welt
War nackt, war klein, besaß kein Geld
Das Leben hing am Anfang nur
An einer dünnen Nabelschnur

Einen halben Meter bin ich lang
In Mutters Arm ist mir nicht bang
Viertausend Gramm bring ich auf die Waage
Beäugt werd ich aus jeder Lage

Im Nu ist die Zeit verflogen
Eltern haben mich groß gezogen
Und manches mal zurecht gebogen

Jetzt steh ich da und schau auf mein Leben
Hat Überfluss und Entbehrungen gegeben
Hab alles mit eigenen Kindern erlebt
Wie schnell die Zeit vergeht

Nur ne Stunde

Über zwanzig Jahre Ehe
Lange Zeit, mal tief mal hoch
Schlechte Prognose, wehe, wehe
Und wie lange muss man noch?

Sie war früher hübsch und fleißig
Über zwanzig, doch keine dreißig
Mit den Jahren wenig Glück
Frau keine Lust, entwickelt sich zurück

Es bricht heraus aus seinem Munde
Ich geh ins Lokal für eine Stunde
Seitdem ist der Mann verschwunden
Niemals hat man ihn gefunden

Freies Land

Frei von Mördern und Dieben
Frei von Krieg und Frieden
Frei von undurchsichtigen Händen
Regiert von korrupten Elementen

Frei von Nachbarn und Freunden
Frei von Liebe und Freuden
Frei von Hilfe und Spaß
Ist das was

Frei von Licht und Schatten
Um das Land ein Zaun ohne Latten
Frei von Menschen, die denken
Wer soll es lenken

Frei von Arbeit oder gefeuert
Frei von Zielen, da ferngesteuert
Frei von Kontakt zu anderen Ländern
Wer soll das ändern

Nicht frei von Soldaten und Waffen
Alle Rechtschaffene will man abschaffen
Alle hat man noch nicht getroffen
Wir werden hoffen, dass sie noch hoffen

Rehlein

Rehmutter spricht zu ihrem Kitz
Jäger schießen auf uns, das ist kein Witz
Rehlein hört da gar nicht hin
Springt munter, ist im Wald schnell drin

Am Abend, es ist nicht mehr hell
Rehlein will zur Mutter schnell
Springt aus dem Wald durch eine Lichtung
Genau in des Jägers Richtung

Der zögert nicht und schießt mit Schrot
Rehlein stirbt einen jungen Tod

Weisheit

Hätte ich in der Vergangenheit
Das Wissen gehabt, was ich hab heut
Und käme dann das Früher zu mir
Was ich anders machen würde, ich sag es dir

Wissen in der Schule nicht nutzen
Freiwillig Zähne nicht öfters putzen
Keinen Menschen ausnutzen
Wegen Figur nicht nur die Hälfte verputzen

Bevorstehende Ereignisse verrate ich nicht
Wahrsagerei ist nicht meine Pflicht
Doch mit einem werde ich prahlen
Tipp ich heute von Morgen die Lottozahlen

Warum Maikäfer im Mai fliegen

Globusweit ist es bekannt
Erste Maikäfer man in Bayern fand
Aus Engerlinge Larven schlüpften, zwei
Zur Oberfläche gruben bis sie waren frei

Sahen Maid im Dirndl, nein es waren drei
Und als erstes riefen Maikäfer: Jo, Mai!
Nun wissen es die dümmsten Ziegen
Dass Maikäfer im Mai rumfliegen

Wie Brieftauben zu Friedenstauben wurden

In Washington, im weißen Haus
Stellt man just Brieftauben aus
Sind grau, weiß und zahm
Manche vom Flug erschöpft und lahm

Tauben werden ihr Land repräsentieren
Die schönsten wird man toll prämieren
Taubenzüchter sind Könige und Militärs
Im Auftrag der Völker und ihres Heers

Man kann sich nicht auf Preisrichter einen
Unabhängigkeit soll sein, man findet keinen
In Washington, im weißen Haus
Stellt man immer noch Brieftauben aus...

Die Züchter werden ungeduldig
Einer spricht den andern schuldig
Und so staut sich Zorn und Hass
Fliegt ein Funke auf das Fass

Die Tauben gurren voller Schreck
Schwirren hoch und fliegen weg
Taubenzüchter untereinander
Gehen mit Waffen aufeinander

Es gab einen großen Krieg
Wo nichts und niemand übrig blieb
Der Kriegsschauplatz ist öd und leer
Leichenteile stinken schwer

Am Boden kriechen nicht mal Raupen
Doch am Himmel fliegen Tauben
Die hatten sich früh abgesetzt
Leben als Friedenstauben jetzt

Systeme

Schimpfen über das Ostsystem
Weil man damit nicht vorwärts käm
Selbst das im Westen ist nicht recht
Sozialversichert uns das schlecht

Das eigene System erneuern
Zahlen wir zu viele Steuern
Ein Null-Arbeit-plus-Viel-Geld-System
Wäre super angenehm

Freude

Was erfreut? Geld, Gesundheit, Glück
Oder vom Brot ein kleines Stück
Was erfreut? Arbeit, Muse, Familie
Oder ein Sträußchen Petersilie

Was erfreut? Hass gegen Schwule
Geht Nachbars Kind zur Sonderschule
Was erfreut? Kollegen strafen mit Gehässigkeit
Hab für niemanden mehr Zeit

Zuerst komm ich, danach egal
Alle können mich einmal
Erfreue mich am eigenen Bauch
Befriedigt mich das auch

Geburt eines Sohnes

Kurz nach der Hochzeit, verkünde es heute
Bald gibt es Nachwuchs, das ist eine Freude
Es wird sich stark drauf konzentriert
Dass nur ein Sohn das Licht der Welt passiert

Hellblaue Vorbereitungen in Schwung kamen
Wir wählten bereits Bubennamen
Endlich soweit. Mit Frau zur Hebamme ins Städtchen
Hurra! Unser Junge ist ein Mädchen

Geburt einer Tochter

Nun ist es bald wieder soweit
Einige Monate bleiben noch Zeit
Vater, mit Gewissen focht er
Wünscht sich schließlich noch ne Tochter

Vorbereitungen diesmal in pink
Puppen, Klamotten kauft man flink
Hebamme kommt, Kind wird geboren im Stübchen
Hurra! Unsre Tochter ist ein Bübchen

Anhang

Ob Tochter oder Sohn
Baby dünn oder rund
Es ist Gottes Lohn
Hauptsache gesund

Die Zeit ist gekommen

Die Zeit ist gekommen, wo der Mensch spürt
Das Feuer erlöscht, egal, was man schürt
Angst, man hat zu wenig gelebt
Das Herz vor Panik schneller bebt

Lassen Leben Revue passieren
Versuchen panisch zu reparieren
Dinge tun, die man versäumt
Hilft nichts, jetzt wird abgeräumt

Wer soll jetzt zur Seite stehn
Den Weg muss man alleine gehn
Vielleicht stellst du dir die Frage
Was wird nach dem Tod geschehn

Wird es ein andres Leben geben
Als Mensch oder als Kreatur
Oder den Teufel bös erleben
Dreht sich für dich die Himmelsuhr

Werd ich mich je wieder bewegen
Ungewissheit gibt Fragen auf
Was passiert nach irdischem Leben
Sei Optimist und freu dich drauf

Saupreiß

Fahr spontan nach München raus
Besuch als Tourist das Hofbräuhaus
Bestell Weißwurst und Bier
Blasmusik, die hör ich hier

Lern bairisch reden, übe jodeln
Fingerhakeln, Skifahrn, rodeln
Spiel Fußball, Vorbild Meier Sepp
Sag zu jedem andern: Depp

Bad textilfrei in der Isar
Wie man mich noch nie sah
Trinke Bier nie mehr aus Dosen
Trag Knickerbocker, Lederhosen

Das Bayernvolk lässt das nicht gelten
Wird stets und immer auf mich schelten
Sie lachen über meine Tracht blauweiß
Für die bleib und bin ich ein Saupreiß

Karriere

Ich werde mal Taucher oder Pilot
Hab gebüffelt wie ein Idiot
In der Schule angestrengt
Freizeitmäßig eingeengt

Zigmal beworben und vorgestellt
Unzählige Euros für Portogeld
Schlechtes Glück, ging nicht über Los
Lange Zeiten arbeitslos

Was auf ARGE abgeht, kann ein Lied davon summen
Bin stets hellwach, keiner von den Dummen
Zeig mich pfiffig und wendig
Mach mich selbständig

Geht es Konkurs, was macht das schon?
Kassier ich vom Staat Subvention
Geht es dann gut und ich werd reich
Setzt ich mich zur Ruhe gleich

Mit Herz

Den Nachbarn übertrumpfen
Ohne dabei abzustumpfen
Immer schaffen, unendlich raffen
Scheinheilig scherzen
Doch wie schaut's im Herzen?

Erfolg hoch über allem zählt
Dabei man sich zu Tode quält
Sieh, was ich bin, da kommt niemand hin
Anstrengen, bis die Hände schmerzen
So schaut's aus im Herzen

Man hat alles, Geld, Auto, Haus
Geht mit stolzen Weibern aus
Standard auf alle Fälle, teure Autos, neueste Modelle
Stehen schon vor der Türe im März
Da freut sich das Herz

Das Leben verfliegt und zieht vorbei
Erfüllt durch Gier und Schufterei
Am Ende sieht man ein, niemand ist gerne allein
Auf den Särgen brennen Kerzen
Jetzt ist nichts mehr drin im Herzen

Peter J. Stäb

wurde 1957 in Merzweiler, im Kreis Kusel, Rheinland-Pfalz, geboren. Er besuchte die heimatliche Hauptschule zu Meisenheim am Glan, absolvierte anschließend seine erste berufliche Ausbildung bevor er sich für den sonderpädagogischen Werdegang im Dachverband der Diakonie qualifizierte.
Ab 1990 wurde der Hunsrück um Kastellaun die Wahlheimat von Peter J. Stäb, wo er bis heute lebt.

Erste Veröffentlichungen erschienen 1985 in der Meisenheimer Allgemeinen Zeitung sowie im Bad Kreuznacher Öffentlichen Anzeiger. Die Leidenschaft des Autors sind Gedichte (stark beeinflusst von Heinz Erhard), Märchen und Geschichten für kleine und große Kinder, die er als personalisierte Kinderbücher selbst produzierte.

Das bewegte berufliche Leben von Peter J. Stäb, offenbarte ihm eine weitere Leidenschaft: Seit mehr als zwanzig Jahren arbeitet und lernt er in der ev. Behindertenhilfe.
»Ich habe vieles von beeinträchtigen Menschen gelernt. Das wichtigste ist die Erkenntnis, dass es keinen Menschen ohne Beeinträchtigung gibt.«